가장 따뜻한 책

가장 따뜻한 책

이기철 시집

민음의 시 124

민음사

自序

견고한 아름다움에 닿을 수 있을까?
어떤 언어도 닿지 않은 사유의 덩이들 혹은 그 조각들,
나는 견고한 말, 견고한 책을 동경한다.
그러나 견고한 말이 차갑지 않고 따뜻하게 읽히기를 희망한다.
나는 풀과 나무만 아름답다고 말하지 않는다.
사람이 사람 생각하는 마음이 내 안에 들어와 등불이 된다.
오늘도 지붕 위로 엽서만 한 저녁이 내린다.
그러나 시로 말할 수 있는 것은 너무 적다.

2005년 정월, 덕촌리 저녁놀 아래서
이기철

차례

自序 5

제1부 따뜻한 책

길 13
별이 뜰 때 14
따뜻한 책 16
민들레 꽃씨 17
집 18
이것만 쓰네 20
시법 21
말 22
시집 23
기념비 24
다시 풀잎 26
따뜻한 밥 27
돌 28
편지 읽는 사람 30
남풍에게 31
초현실은 나의 꿈 32
상실 33

제2부 마음은 때로 백조가 되어

마음은 때로 백조가 되어 37

산골에 오두막을 짓다 38

상수리나무 39

구름에 대한 명상 40

사람의 이름이 향기이다 44

씨 뿌리는 사람 1 45

씨 뿌리는 사람 2 46

메밀꽃 필 무렵 48

들판은 시집이다 49

숲 50

오늘은 조금만 더 희망을 노래하자 51

햇볕에 쓰다 52

빚진 세상 53

저녁 거리에서 생을 만나다 54

그렇게 하겠습니다 56

아림 산문 58

중앙선 타고 가며 60

우산꽃에도 사월이 61

누가 들판의 옷을 갈아입히랴 62

초승달에게 63

세월의 채찍 64

수직의 나무 65

제3부 길 위에서의 사색

나비의 여행 69

송가 70

원주행 72

청하를 지나갔다 74

불탄 자리 76

줄포, 황혼 78

남성현에서 79

유등리 80

분황 옛터 81

덕유산 지나며 82

황포강 가에서 83

제4부 풍경의 안과 밖

시집의 디딤돌을 건너 87

시월 88

입동 무렵 89

아주 먼 그때 90

슬프다고만 말하지 말자 91

흙 92

고등어 93

나는 생이라는 말을 얼마나 사랑했던가 94

풍경 95

삶은 헌 신발을 신고 늙은 길을 걸어가는 것입니다 96

시월의 사유 98

봄의 악기 100

자주 한 생각 101

검정 교복 102

카뮈 103

책 읽는 아이 104

시인이란 이름에는 들꽃 냄새가 난다 106

後記 107

제1부
따뜻한 책

길

　질경이도 피고 배암풀도 돋고 노루귀꽃도 피고 애기똥풀도 돋고
　돌멩이도 구르고 나비도 날고 여치도 숨고 라일락도 피고
　능금나무도 크고 모래도 구르고 구름 그림자도 내리고 앉은뱅이꽃도 피고
　강아지 발자국도 찍히고 쇠똥도 마르고 멧새 울음도 들리고 도랑물도 흐르고
　햇볕도 내리고 낮달도 뜨고 호박벌도 날고 비단벌레도 숨고

별이 뜰 때

나는 별이 뜨는 풍경을 삼천 번은 넘게 바라보았다

그런데도 별이 무슨 말을 국수처럼 입에 물고 이 세상 뒤란으로 살금살금 걸어오는지를 말한 적이 없다

별이 뜨기 전에 저녁쌀을 안쳐놓고 상추 뜯으러 나간 누이에 대해 나는 쓴 일이 없다

상추 뜯어 소쿠리에 담아 돌아오는 누이의 발목에 벌레들의 울음이 거미줄처럼 감기는 것을 말한 일이 없다

딸랑딸랑 방울을 흔들며 따라오던 강아지가 옆집 강아지를 만나 어디론가 놀러 가버린 그 고요함을 말한 일이 없다

바삐 갈아 넘긴 머슴의 쟁기에 찢겨 아직도 아파하는 산그늘에 대해,

어서 가야 하는데, 노오란 새끼들이 기다리고 있는데 아직 벌레를 잡지 못해 가슴을 할딱이는 딱새가 제 부리로 가슴 털을 파고 있는 이른 저녁을 말한 일이 없다

곧 서성이던 풀밭들은 침묵할 것이고 나뭇잎들은 다소곳해질 것이다

부엌에는 접시들이 달그락거리며 입 닫은 딱새의 말을 대신 해줄 것이다

별이 뜨면 사방이 어두워져 그때 막내 별이 숟가락을

입에 문 채 문간으로 나올 거라는 내 생각은 틀림없을 것이다

  별이 뜨면 너무 오래 써 너덜너덜해진 천 원짜리 지폐 같은 반달이 느리게 느리게 남쪽 산 위로 돋을 것이라는 내 생각은 틀림없을 것이다

  별이 뜨면 벌들과 딱정벌레들이 둥치에서 안 떨어지려고 있는 힘을 다해 나무를 거머쥐고 있는 것을 어둠 속에서 볼 수 있을 것이다

  별이 뜨면 귀뚜라미가 찢긴 쌀 포대에서 쌀 쏟아지는 소리로 운다고 터무니없는 말을 나는 한 마디만 더 붙이려고 한다.

  이것들이 다 별이 뜰 때, 별이 뜨면 생기는 일들이다

따뜻한 책

행간을 지나온 말들이 밥처럼 따뜻하다
한 마디 말이 한 그릇 밥이 될 때
마음의 쌀 씻는 소리가 세상을 씻는다
글자들의 숨 쉬는 소리가 피 속을 지날 때
글자들은 제 뼈를 녹여 마음의 단백이 된다
서서 읽는 사람아
내가 의자가 되어줄게 내 위에 앉아라
우리 눈이 닿을 때까지 참고 기다린 글자들
말들이 마음의 건반 위를 뛰어다니는 것은
세계의 잠을 깨우는 언어의 발자국 소리다
엽록처럼 살아 있는 예지들이
책 밖으로 뛰어나와 불빛이 된다
글자들은 늘 신생을 꿈꾼다
마음의 쟁반에 담기는 한 알 비타민의 말들
책이라는 말이 세상을 가꾼다

민들레 꽃씨

날아가 닿는 곳 어디든 거기가 너의 주소다
조심 많은 봄이 어머니처럼 빗어준 단발머리를 하고
푸른 강물을 건너는 들판의 막내둥이 꽃이여
너의 생일은 순금의 오전
너의 본적은 햇빛 많은 초록 풀밭이다
달려가도 잡을 수 없던 어린 날의 희망
열다섯 처음 써본 연서 같은 꽃이여
너의 영혼 앞에서 누가 짐짓 슬픔을 말할 수 있느냐
고요함과 부드러움이 세상을 이기는 힘인 것을
지향도 목표도 없이 떠나는 너는
가장 큰 자유를 지닌 풀밭 위의 나그네
보오얀 몸빛, 버선 신은 한국 여인의 모시 적삼 같은 꽃이여
너는 이 지상의 가장 깨끗한 영혼
공중을 날아가도 몸이 음표인
땅 위의 가장 아름다운 소녀들

집

 나는 그의 팔에 안겨 잠도 자고 밥도 먹고 하늘도 쳐다보고 어둠 속에 별이 몇 개나 떴는지를 살피고 무엇보다 나는 그의 가슴에 안겨 내 좋아하는 시인들의 이름을 출석부처럼 껴안고 색동옷 같은 시집의 시들을 소리 내어 읽고 밑줄도 치고 그러다가 날아간 새가 그리우면 새의 부리가 쪼아놓은 하늘 한 자락에 연필 글씨로 시도 쓴다

 내가 외출하고 없는 동안 집은 혼자 남아 내 신발과 내복과 모자와 가방을 지켜주고 잠이 와도 자지 않고 책상과 연필통과 컴퓨터와 받아둔 편지들이 제자리에 있는지를 살펴준다 내가 술에 취해 늦게 돌아와도 집은 문을 열어주고 신발을 받아주고 양복을 걸어주고 그러고는 집 대신 내가 그것들을 지키면 집은 말없이 잠으로 빠져 든다

 집이 추워서는 안 된다

 집이 춥지 않게 하려고 나는 전깃불도 켜고 담요도 펴고 커튼도 달고 다림질도 하고 도마질도 하고 전기솥에 쌀도 안치고 된장국도 끓이고 그러다가 멸치와 썬 오이와 시금치를 비벼 밥을 먹고 또 책을 읽는다 그런 일이 다

집이 따뜻할 때 하는 일이다 올겨울은 눈이 많이 와 집이
따뜻할 것이다 집이 추워서는 안 된다

이것만 쓰네

내 언어로는 다 쓸 수 없어 이것만 쓰네
山房에 벗어놓은 흰 고무신 안에 혼자 놀다 간 낮달을
내게로 날아오다 제 앉을 자리가 아닌 줄 미리 알고 되돌아간 노랑나비를
단풍잎 다 진 뒤에 혼자 남아 글썽이는 가을 하늘을
한 해 여름을 제 앞치마에 싸서 일찌감치 풀숲 속으로 이사를 간 엉겅퀴 꽃씨를
내 언어로는 다 쓸 수 없어 이것만 쓰네
사월 달래순이 묵은 돌덩이를 들어 올리는 힘을 본 것도 같은데
저를 좀 옮겨달라고 내 바지 자락에 매달리는, 어언 한 해를 다 살아버린 풀씨의 말을 알아들은 것도 같은데
아직도 흙 이불로 돌아가지 못한 고욤 열매의 추위를 느낀 것도 같은데
다 쓸 수 없어 이것만 쓰네

시법

시는 말의 피다
한 방울 수혈로 꽃피는 언어들
시는 언어에 피를 돌게 한다
필통마다 담겨 있는 연필처럼
갈피마다 담겨 있는 마음의 모세혈관들
언어를 켜는 것은 마음을 켜는 것이다
어둠을 밝히는 성냥불처럼
나는 언어를 켜고 시를 쓴다
잠든 책이 언어의 발자국 소리를 들을 때
마음의 쌀독 여는 소리가 세상을 깨운다
언어를 찾아가는 나의 발걸음이여
그것은 신도 눈치 채서는 안 된다
핏줄의 막힌 곳을 뚫고 선혈이 돌 때
없던 세계가 탄생한다

말

오늘도 나는 산새만큼 많은 말을 써버렸다
골짜기를 빠져나가는 물소리만큼 많은 목청을 놓쳐버렸다
손에 묻은 분필 가루를 씻고
말을 많이 하고 돌아오며 본
너무 많은 꽃을 매단 아카시아나무의 아랫도리가 허전해 보인다
그 아래, 땅 가까이
온종일 한마디도 안 한 나팔꽃이 묵묵히 울타리를 기어올라간다
말하지 않는 것들의 붉고 푸른 고요
상처를 이기려면 더 아파야 한다
허전해서 바라보니 내가 놓친 말들이, 꽃이 되지 못한 말들이
못이 되어 내게로 날아온다
아, 나는 내일도 산새만큼 많은 말을 놓칠 것이다
누가 나더러 텅 빈 메아리같이 말을 놓치는 시간을 만들어놓았나

시집

 내 밥상 곁에는, 내 책상 곁에는, 내 잠자는 이불 곁에는 항상 갓 핀 채송화 같은 몇 권의 시집이 놓여 있다. 시집은 울타리의 굴뚝새처럼 조그맣게, 산 메아리처럼 또랑또랑하게, 돌 지난 아이처럼 눈물 그렁그렁하게 내 손끝에서 내 가슴속으로 파고든다. 시집은 가끔 까닭 없이 마구간을 걷어차는 송아지같이, 아무리 쫓아도 기를 쓰고 날아오는 볏논의 참새 떼같이, 때로는 달래도 달래도 그치지 않는 두 살배기 손주의 트집같이 칭얼대며 내 곁으로 다가온다. 어제는 책상 위에 있었고 오늘은 방바닥에 있고 내일은 또 밥상 위에 있을 조그만 시집. 시집은 영문 모르고 날아가는 어린 새처럼, 뺨에 대고 싶은 단풍잎처럼 혹은 바닥에서도 뛰어오르는 물방울처럼 내 온몸을 적시기도 하고 들끓게도 한다. 저 백 가지 생각과 백 가지 마음을 지닌 색동의 말이.

기념비

길은 제 닿을 곳을 알고 있다
어떤 길은 바다에 닿고 어떤 길은 벼랑에 닿는다
검은 흙을 딛고 내 마음속을 황소가 지나간다
아무도 음악처럼 경쾌해질 수 없고
아무도 이슬처럼 가난해질 수 없다

누가 이 시간에 자전을 읽느냐
내일은 좀 더 푸르게 깨어날 수 있기를
나는 동상처럼 기다린다
내 디딘 발 아래서 가장 깨끗한 물이 신선한 뿌리를 만난다

도시의 하수도 가에 미나리아재비꽃이 필 때
몇 사람의 시민들이 오래전에 죽은 사람의 기념비를 세운다
누가 큰 소리로 죽은 사람의 생애를 읽는다
갑자기 박수 소리가 나뭇잎을 흔든다
하늘로부터 공수해 온 햇빛이 글자 위에 떨어진다

습관에 길들지 않은 집이 어디 있느냐

햇빛은 하루에 한 번 새 옷을 갈아입지만
저 집은 얼마나 많이 우리의 잠을 뺏어 갔느냐

기념비 위로 소멸에 길든 구름 그림자가 지나간다
저 도시에도 성처녀가 살고 있을까
작은 폭포가 여울물 기다릴 때
젊은 상수리나무는 새똥을 그리워한다

다시 풀잎

사람들에겐 어제 하루도 인생이었다
풀잎들아, 너희의 하루도 생이었느냐
너희들 순결 앞에서는
순결이라 부르는 것조차 불결이다
노래가 되려고 결심한 냇물이 아침을 씻는다
너희가 기울이는 외로움만 한 희망
이슬을 풀의 눈물이라고 말하는 것은 불경(不敬)이다
저 자디잔 화필의 수채화가 끝나면
계절은 완성된다
온통 초록의 질문으로 돋는 움들
햇빛의 어느 마음이 푸름이 되느냐
마침내 흙의 귀가 된 풀잎들
빨강 파랑으로 말 걸어오는 햇빛이
온종일 풀잎들과 속삭인다
동풍이 딛고 간 풀잎들아
어떻게 물어야 너희의 생을
초록으로 대답하겠느냐

따뜻한 밥

신발마다 전생이 묻어 있다
세월에 용서 비는 일 쉽지 않음을
한 그릇 더운 밥 앞에서 깨닫는다
어제는 모두 남루와 회한의 빛깔이다
저무는 것들은 다 제 속에
눈물 한 방울씩 감추고 있다
저녁이 끌고 오는 것이 어찌 어둠뿐이랴
내 용서받고 살아야 할 죄의 목록들
내일 다시 걸어야 할 낯선 초행길들
생은 사는 게 아니라 아파하는 것이다
너는 몇 켤레의 신발을 버리며
예까지 왔느냐
나무들은 인간처럼 20세기의 오류를 범하진 않을 것이다
늦었지만 그것이 내 믿음이요 신앙이다
나는 내 믿음이 틀렸더라도 끝내 수정하지 않으리라
쌀 안치는 손의 거룩함을 알기 전에는
이런 말도 함부로 써서는 안 되리라
생을 업고 일을 업고 가기 위해선
이 따뜻한 밥 한 그릇의 종교를
내 것으로 하기 위해선

돌

저 돌은 무슨 생각에 빠져 있을까
내가 나무 아래 앉아 금방 머리 위로 날아간 새와
바람이 쓰러뜨린 들판의 꽃나무를 생각하고 있을 때
연기 나는 방직 공장 위의 구름과
언젠가 내가 앉았던 의자에
지금쯤 다른 사람이 앉을 거라는 생각을 하고 있을 때

저 돌은 무슨 생각을 하고 있을까
제 무게만큼 흙으로 주저앉아 들판의 살이 되고 싶다는
무처럼 서늘한 땅속으로 깊이 가라앉고 싶다는
생각에 빠져 있을까

어떤 구름도 그 결연을 회유할 수 없고
어떤 노래도 그 굳은 마음을 돌려놓지 못한다
길가의 쇳덩이는 녹이 스는데
녹슬지 않는 돌의 몸
얼마나 구르고 싶었으면 그는 녹슬 겨를조차 없을까

가장 낮은 곳에서만 가장 뜨거운 삶을 길어 올린다고
나의 사색 위에 마음 한 장 얹는 돌

그 무언과 냉혹을 어루만지며
내 마음의 언어로 돌에게 물을 때

제 맨살로 마지막 집 한 채 받드는 날을
제 알몸으로 두리기둥 하나 튼튼히 세우는 날을
제 육체에 가장 진한 말 한 마디 새기는 날을
제 가슴에 가장 뜨거운 시 한 줄 새기는 날을
참고 기다린다고 돌은 대답한다
끝내 나뭇잎이 되지 못하는
끝내 새가 되지 못하는 저 돌은

편지 읽는 사람

문득 피고 보니 제 몸이 꽃이라고
나무들이 분홍 입술로 말하고
새들은 서러운 노래를 즐거운 악보로 바꾸어 부르며
푸른 어깨의 산 속으로 날아간다
강물이 싣고 온 소식들은 모두 가쁘게 출렁이고
올해는 어떻게 피어야 더 아름다울까
궁리하며 돋는 들판의 움들
바람이 비질해 놓은 화안한 길 위를
깨끗한 광목 필의 햇빛이 걸어간다
집들은 제 키만큼 소망 하나씩 달고
햇살 쪽으로 처마를 기울이고
꿈에 목마른 사람들은 색실 같은 마음을 엮어
오늘의 소인 찍어 내일로 부친다
껴안기엔 너무 크고 화안한 하루를
일생의 노트 속에 차곡차곡 접어두는 이 설레임
꽃의 하루가 넘치는 아름다움이듯
고통을 기쁨으로 바꾸어놓는 사람의 생애를
내 몇 줄 언어로 그대에게 전하노니

남풍에게

풀잎이 언제 잠 깨는지를 말해 주겠니
흙이 가장 그리워한 것이 무엇인지를 말해 주겠니
꽃이 초록에서 빨강으로 가는 시간을 말해 주겠니
복사나무가 복사 열매를 다는 설렘을 말해 주겠니

나비가 앉고 싶었던 꽃이 어느 꽃인지를 말해 주겠니
나무의 움이 분홍이 될 때의 숨소리를 말해 주겠니
제 입 안에 고인 단물을 삼키지 않고
열매로 익히는 풀꽃의 오랜 참음을 말해 주겠니

강물도 돌멩이도 찔레 덩굴도 화안한 봄날
다친 나무가 아픔을 이기고 새 살을 깁는 힘을
꺾인 팔이 들고 있는 익은 과실의 무게를 말해 주겠니

초현실은 나의 꿈

나는 비둘기에게 언어를 가르치고 싶어
모음만 모아 평화어 사전을 만드는 사람
나는 바람의 날개를 타고 은하를 건너는 꿈을 꾸는
맨발이 아름다운 시인
어제 흘러간 강물을 되돌려 와 풀잎을 세수시키고
바람의 맨살에 입 맞추는 자연 예찬자
나는 아지랑이의 속살에 들어가 아이를 갖고 싶은 남자
기린의 목에 리본을 달아주고 싶은 어릿광대
걸으면서 생각하고 시 속에서 천상을 꿈꾸는 이상주의자
구겨진 지폐를 푸른 들깻잎으로 만들고 싶은
불가능에 마음 닿은 철부지 환상가
나는 당나귀를 타고 옥수수 밭을 지나
낙타가 생을 마친 머언 사막으로 가고 싶은
봉두난발의 가난뱅이 시인
나는 햇빛보다 달빛을 사랑하는 사람
나는 백 년을 쪼개 하루의 길이에 보태는
초현실을 꿈꾸는 한국의 시인

상실

시인 김춘수는 어떤 글에서
역사도 버리고 계급도 버렸다고 말했지만
돌아보아도 나는 아무것도 버릴 것이 없다
쓰던 몽당연필도 숟가락도
수수 빗자루도 놋쇠 가위도,
사물이 아니라 이념이라면
나는 유물론도 공산주의도
그런 것을 가져본 일이 없어 버릴 것이 없다
아, 저기 서쪽으로 저무는 저녁노을도
노을 아래 울고 가는 새의 노래도

제2부
마음은 때로 백조가 되어

마음은 때로 백조가 되어

초록 위를 뛰어다니는 햇살에게
오늘은 반짝인다는 말보다 더 밝은 말로
아침 인사를 건네고 싶다
짐 다 내려놓고 내가 햇살이 되는 날
나는 햇살만큼 밝은 말 하날
초록의 목에 걸어주고 싶다
유월 푸른 숲 속으로 희고 깨끗한 새 한 마리 날아갈 때
한 사람의 푸른 마음속으로
사람들은 백조가 되어 날아간다
이 세상 먼지 하나 묻지 않은 이름
사람의 이름보다 향기로운 것은 없다
꽃의 일생이 소낙비와 햇빛의 생애일 때
흙이 실핏줄 터뜨려 붉은 꽃 피우듯
사람은 사람의 이름으로 마음을 꽃피운다
꽃의 언어로 불러주면 금세 음악이 되는 이름들
그런 사람의 영혼이 익어 향기로운 열매가 된다
부르면 부를수록 사람의 이름은
갓 따온 과일처럼 신선하다

산골에 오두막을 짓다

산골에 오두막을 짓다
달빛으로 기둥을 세우고
바람으로 지붕을 덮었다
우우우 몰려오는 서풍의 축하객
손님처럼 찾아온 아카시아 잎 방문 두드리는 소리
배추 잎은 아직 어려 잠에 빠져 있고
수수 이삭은 저 혼자 시간을 먹고
가을만큼 자랐다
얘들아 얘들아 불러도 돌아보지 않는
놀러 간 개울물
오소리들이 물고 간 밤톨은 찾아올 수 없다
전기밥솥에 쌀 안쳐놓고 사립문 열면
후욱 끼쳐오는 꿀밤나무들의 푸른 살 냄새
엄마 젖무덤 같은 산등엔
돌 지난 아이의 하얀 젖니 같은 별이 뜨겠다

상수리나무

꽃 피우지 않고도 저렇게 즐거운 삶이 있다
돌 지난 상수리나무 잎새가 새끼 노루의 목덜미 같다
스펀지처럼 말랑말랑하고 따뜻하다
햇빛이 오면 금세 즐거워지는 나무들
나무들이 즐거워지는 데는 오래 걸리지 않는다
바람이 오면 한 군데도 비워둔 데 없이 왁자히
수선 떠는 아이들 같다
초등학교 가을 운동회 같다
오전이 펼쳐놓은 출렁거리는 광목 같다
일찍 여름을 길어낸 삶들은 장화처럼
푹푹 깊어져
손대지 않아도 마구 풀물이 들 것 같다
저 아래로 흘러가는 물소리가
맛있는 것 먹고 떠난 동생 같다
아무도 만나지 않고도 저 혼자 즐거운 삶이
여기 있다

구름에 대한 명상

나는 가끔 장마 끝에 열리는 푸른 하늘을 보며
구름의 흐름을 인생이라고 생각하는 때가 있다
가다가 때로 멈추는 것이 구름이라면
흐르다가 때로 멈추는 것이 인생이라고 생각하는 때가 있다
구름이 아름다운 것은 제 몸을 자주 바꿀 수 있기 때문이다
짓고 허무는 데 자유자재한 구름을 나는 때로
우아한 하늘 경작자라고 생각하는 때가 있다
구름의 사진을 찍고 싶은 이여
구름의 사진을 찍지 마라
아까의 구름은 지금의 구름이 아니다
끝없이 흘러가면서 학교도 짓고 우체통도 만들고 목화꽃도 피우다가
그것마저 심심해지면 하늘에게 온몸을 맡기고
저 자신은 어디론가 숨어버리는 구름
나는 열 살 때는 논두렁에 서서 구름을 바라보았고
마흔 살에는 교실의 창문 틈으로 구름을 바라보았다
나는 지금 햇살이 풍금 소리를 내며 다가오는 내 방 창문을 통해

느린 기차처럼 가고 있는 구름을 보고 있지만
저렇게 느리게 가는 기차라면 나는
세수도 좀 하고 양복도 꺼내 입고 구두도 갈아 신고 천천히 걸어가서도
충분히 기차에 오를 수 있으리라고 생각하며
자주 글썽이는 볼펜으로 구름에 대한 명상을 쓰고 있다
글썽인다는 말은 얼마나 애잔하고 아름다운가
나는 본래 작고 여리고 슬픈 것을 사랑한다
내가 만일 애인을 택한다면 나는 자주 글썽이는 애인을 택하리라
채송화 꽃잎에도 글썽이고 고추잠자리에도 글썽이는 애인
미모사같이 자주 잎을 오므리고 연잎같이 그리움을 펴는 애인
눈시울에 추억을 매달고 있는 애인
구름처럼 떠나갔다가 소낙비같이 찾아오는 애인
떠날 때의 발자국 소리가 대문간에 조약돌처럼 남아 있는 애인
구름을 바라보며 나는 기다림을 배웠고
기다림이 참음이라는 것을 배웠다
나는 지금도 책꽂이의 책처럼 서서 기다리며

기다림이 설탕이 되어 내 몸속을 파고드는 긴장을 좋아
한다
나는 가끔 구름은 햇빛이 타고 다니는 마차라고
생각하는 때가 있다
늘 바쁜 햇빛은 제 몸을 쉬고 싶을 때
구름의 그네에 앉아 쉴 거라고 생각하는 때가 있다
그러다가 갑자기 세상일 궁금하면
무지개의 사닥다리를 놓아 땅으로 내려올 거라고
생각하는 때가 있다
우리는 지붕처럼 아프려고 태어난 것은 아니지만
도랑물처럼 노래하려고 태어난 것도 아니다
방랑이 아름다움임을 가르친 구름이여
보는 것은 모두 수채화이던 때가 있었다
듣는 것은 모두 음악이던 때가 있었다
악을 만나도 사랑하고 싶던 때가 있었다
물 속에 잠기는 돌멩이처럼
책 속에 몸이 잠기는 소년을 지나
지식이 감성을 억누르는 청년을 지나오면서
나는 구름을 쳐다보는 일을 오래 잊고 지냈다
지금도 지하철을 타고 가며 생각의 풍랑에 빠져 있는

사람들을 생각하면
　저렇게 몸이 부드러운 구름을
　혼자 보고 있는 내가 미안해진다
　묶을 수만 있다면 나는 저 푸름과 저 부드러움을
　시계를 보며 햇볕 없는 곳을 달리는 그들에게 부쳐주고 싶다
　영원히 주소가 없을 구름이여
　나는 너 때문에 시를 쓰는 시인이 되었는지도 모르겠다
　내 한 끼 수저질에도 바빠했던 나날을 되돌아보며
　이제 너의 무심을, 무심의 한 조각을 배우는 것만으로도
　나는 너를 스승이라 부르겠다

사람의 이름이 향기이다

아름다운 내일을 기다리기에
사람들은 슬픔을 참고 견딘다

아름다운 내일이 있기에
풀잎이 들판에 초록으로 피어나고

향기로운 내일이 있기에
새들은 하늘에 노래를 심는다

사람이 사람 생각하는 마음만큼
이 세상 아름다운 것은 없다

아름다운 사람의 이름이 노래가 되고
향기로운 사람의 얼굴이 꽃이 된다

이름 부를 사람 있기에
이 세상 넉넉하고

그리워할 사람 있기에
우리 삶 부유하다

씨 뿌리는 사람 1

저녁에 씨 뿌리는 사람은
추억으로 돌아가고 싶은 사람이다
태양이 짓다 둔 낮의 형식을
하나하나 갈무리해서 잠재우는 사람이다
씨앗들이 은빛 숨 쉬며 잠들 때
내 길러온 언어들은 어린 잠 속으로 걸어 들어간다
세상이 한없이 낮고 고요해지는 이 저녁
들판은 오늘 하루만큼 성숙해지고
어린 저녁은 오랫동안 해의 젖가슴을 만진다
햇빛 뒤에서 집들이 저녁 등 내걸 때
모든 사나운 것들은 유순해진다
어둠의 소리를 듣는 씨앗들의 환한 귀
그 고요함이 아픈 세상을 낫게 한다
씨앗들은 잠 속에서 풍요를 꿈꾸고
씨 뿌리는 사람은 그 풍요를 들으며
낮아서 편안한 처마 아래로 돌아간다
저녁에 씨 뿌리는 사람은
내일을 준비하는 사람이다

씨 뿌리는 사람 2

저녁 새들이 부리에 햇빛을 물고 있다
내일이라는 약속이 있기 때문이다
푸른 잎들이 태양을 놓치는 시간이면
끓던 하루가 고요해진다
제 푸름만으로도 숨 가빠
더 푸르기도 힘드는 잎들
하루가 저물면 추억들이
필통 여는 소리로 다가온다
더 깊이 묻어야 할 기쁨 한 포기마저 어둠에 뺏기고
제 몸조차 놓쳐버린 연기가 굴뚝을 떠나면
부엉이와 올빼미들이 씨앗의 송가를 부른다
작곡가는 먼 곳에서 라르고를 짓고
시인은 불빛 아래 야상곡을 쓴다
저녁이 푸른 담요처럼 펼쳐지면
일하던 손들은 일제히 별의 건반을 두드린다
씨앗들은 건반의 자장가를 들으며
새들보다 일찍 잠들고
나무들의 어두워진 눈 속으로
정적이 천천히 걸어 들어간다
모든 노동들이 크림 빛 어둠 속에 묻힌다

낮 동안 따뜻해진 알들은 부화를 꿈꾸고
사람들은 더 밝은 내일을 꿈꾸며 잠든다

메밀꽃 필 무렵

누가 다 된 밥솥을 쏟아놓았나
아직은 퍼 담아도 될 흰 쌀알들
여름이 박하 향기를 데리고 산그늘로 들어가면
들판은 빌로드의 바람으로 제 맨살을 씻는다
잎들이 갓 찍어낸 지폐 소리를 내면
한 트럭의 달빛이 메밀꽃 위로 쏟아진다
저마다 말하고 싶은 입들이
여름 내내 쏟아놓은 이야기책들
마구간의 암소가 갓 낳은 새끼를 핥아주는 걸 본
만월이 산등성이에 흰 궁둥이를 대고
눌러앉아 있는 보름밤
어디론가 뛰어가고 싶은 씨앗들이
하루만 더— 하고 참고 있는 대궁이 끝
그 위로 쏟아지는 몇 섬의 이야기들
달이 엎질러 놓은 초록 위의 싸라기들
저녁 먹고 놀러 나온 풋가시내들

들판은 시집이다

천천히 걷는 들길은 읽을 것이 많이 남은 시집이다
발에 밟히는 풀과 꽃들은 모두 시어다
오전의 햇살에 일찍 데워진 돌들
미리 따뜻해진 구름은 잊혀지지 않는 시행이다
잎을 흔드는 버드나무는 읽을수록 새로워지는 구절
뻐꾸기 울음은 무심코 떠오르는 명구다

벌들의 날개 소리는 시의 첫 행이다
씀바귀 잎을 적시는 물소리는 아름다운 끝 줄
넝쿨풀은 쪽을 넘기면서 읽는 행이 긴 구절
나비 날갯짓은 오래가는 여운이다

바람이 지나가고 나면 혼자 남는 파밭
종달새 날아오르면 아까 읽은 구절이 되살아나는
보리밭은 표지가 푸른 시집이다
갓 봉지 맺는 제비꽃은 금방 곡을 붙인 동요다

벅찬 약속도 아픈 이별도 해본 적 없는 논밭
물소리가 다 읽고 간 들판의 시집을
풀잎과 내가 다시 읽는다

숲

굴참나무는 상수리나무를
오리나무는 비옷나무를
등갈퀴는 청미래를
꿩비름은 삿갓풀을
모데미풀은 홀아비꽃대를
우산나물은 짚신나물을
부른다
부르는 소리에
내 귀가 먹먹하다

오늘은 조금만 더 희망을 노래하자

미래는 저녁 창문처럼 금세 어두워지지만
작별해 버린 어제가 모두 탕진은 아니다
모래의 시간 속으로 걸어온 구두
밑창의 진흙은 숙명을 넘어온 기록이다
내 손은 모든 명사의 사물을 다 만졌다
추상이 지배하는 인생은 불행하다
명백한 것은 햇빛밖에 없다
죄마저 꽃으로 피워둘 날 기다려
삶을 받아쓸 종이를 마련하자
가벼워지고 싶어서 떨어지는 나뭇잎처럼
모든 노래를 받기 위해서 입 다무는 침묵처럼
오늘은 단추 한 칸의 가슴을 열자
오늘은 조금만 더 희망을 노래하자

햇볕에 쓰다

달력의 깊은 곳에도 온기가 스며 있었던지
햇볕 반 되 쏟아놓으며 봄이 온다
빛이라면 다만 금결로 돋는 햇빛의 밝음이지만
초록과 푸름 사이 또 무슨 빛이 스며 있는지
햇빛 사이로 누가 가만가만히 은빛 수레를 밀고 온다
고통이야 비길 데 없는 흰색이지만
사람이 사람 생각하는 마음은 또 무슨 색깔이겠는지
파랑치의 나무들은 햇빛의 언어로 하루를 쓰고
고통을 지나온 사람들은 무문(無文)의 언어로 흉금을
쓴다
먼 곳서 스란치마 끌고 온 하루는 발이 아프고
저 발아의 연둣빛은 일광의 함성 속에
분홍을 켜 들고 쾌락에 잠든다
아직도 마르지 않은 눈물은 남보라이겠지만
껍질 뚫고 오는 씨앗의 아픔은 주황이겠거니
봄의 육체 위에 문신을 새겨 넣고 싶은 마음
그 범람하는 심사, 오늘은
짧은 언어로 햇볕에 쓰노니

빚진 세상

걸어가면 꽃 핀 세상 만나리라고
내 신발은 풀물 든 초록 길 넓히며 걸어왔다
생각의 금은을 만지며 때로
내 손은 분홍 연사를 쓰기도 했지만
저 패랭이꽃같이 낮고 슬픈 세월의 잠기장들, 오욕의
손수건들
손때 묻어 글자마저 지워진 오랜 날의 일기 쪽들
내게도 생의 설계가 있었던가
가건물의 처마는 따뜻했던가
결코 궁전이 될 수 없었던 젊은 날
내 오막살이의 서까래들
저 가을 나무만큼이나 져 내릴 잎새라도 있었던들
차라리 내 후살이 덕석만 한 햇볕 한 됫박이라도
받아두었겠지만
이제 꽃 핀 세상, 화안한 뒤안길
어느 행간에 무릎 꿇어
내 빈한을 용서받을 수 있겠는지
거기 고삐 풀어놓고 방목할 수 없는
물어도 대답 없는 안부 뒤의 세월

저녁 거리에서 생을 만나다

문 닫는 상점들의 저녁 거리에서 남은 하루를 만난다
춥지 않으려고 나무들은 어둠을 끌어다 제 발등을 덮고
불만 없는 개들은 제 털이 어둠 속에 쉬이 따뜻해지리
라는 것을 안다
난폭한 철근들이 잠드는 일은 나를 두렵게 한다
철든 나무들이 어두워진 도시를 달래고
팔려가지 않은 시금치와 조잘대던 완구들이 침묵한다
저 첨탑들은 얼마나 우둔한가
어리석게도 우리는 거기서 생의 열망을 이룰 수 있으리
라 믿었다
쉽게 지워지는 종이의 약속
거기서 우리는 생이 꽃피리라 믿었다
사람들은 천천히 휴식의 빵을 뜯고
어린 옷가게들은 왜 도시가 어두워지는지를 알지 못해
어리둥절해한다
모든 식사들은 활발하고
부엌과 식당에는 늙은 식욕이 혼자 앉아 있다
비탄 한 꾸러미씩 사 들고 가는 사람들
사무원들이 두들기던 자판의 하루가 쉬이 저물고
지나온 습관은 닳은 신발을 맹목이게 한다

어둠 속에 생을 내려놓고 물끄러미 별을 쳐다보는
나와 함께 이 도시를 떠밀려 가는 사람들
그들의 내일이 환히 꽃피기를

그렇게 하겠습니다

내 걸어온 길 되돌아보며
나로 하여 슬퍼진 사람에게 사죄합니다
내 밟고 온 길
발에 밟힌 풀벌레에게 사죄합니다
내 무심코 던진 말 한마디에 상처받은 이
내 길 건너며 무표정했던
이웃들에 사죄합니다
내 작은 앎 크게 전하지 못한 교실에
내 짧은 지식 신념 없는 말로 강요한
학생들에 사죄합니다

또 내일을 맞기 위해선
초원의 소와 순한 닭을 먹어야 하고
들판의 배추와 상추를 먹어야 합니다
내 한 포기 꽃나무도 심지 않고
풀꽃의 향기로움만 탐한 일
사죄합니다
저 많은 햇빛 공으로 쏘이면서도
그 햇빛에 고마워하지 않은 일
사죄합니다

살면서 사죄하면서 사랑하겠습니다
꼭 그렇게 하겠습니다

아림 산문*

이 세상 밖으로 새를 날리며
길들지 않은 시간을 철환(轍環)하였다
나의 두려운 열망 속에서 연필화 같은 봄이 저물고
미농지 같은 잎을 내밀며
서부 경남 연두 비탈이 물들어 갔다
봄 하늘엔 온통 새들의 언어로 기록된 책
물방개 돌미역의 단애 뒤로 개울물은 흘러갔다
빛이 스며들어 광휘를 잃고 온기가 되는
작은 새의 흰 가슴 속으로
솜구름 몇 송이 떠돌 때
누구에게든 추억은 상처이리라
내 따서 먹지 않고 머리맡에 두었던
두어 순 찔레꽃
그 겨운 눈물이 지금 참나무전 윗두렁에 피고 있다
세월의 채찍은 화인이라서
다가서면 잉걸불에 살 저미는 소리 들리고
회억의 공간 너머 열여섯 그 사랑
삭정이 불 지피며 쇠죽솥 달구던 환한 아궁이여
 해진 비닐 가방 속으로 은화처럼 새어 나간 망나니 세월을

그립다고 말하기엔 입술이 시리다
마음이 그리다 둔 풍경은 언제나 정리되지 않은 산문이어서
오늘은 반쪽 남은 책갈피에 얼굴 묻고 운다
내 운문의 빈 칸에 조여 오는
저 적란운같이 고삐 풀린 시간을

* 아림(娥林): 시인의 고향인 거창의 옛 이름.

중앙선 타고 가며

안동 지나 제천 간다

내려다보면 한 잎 호박잎에도 폭 싸일 초등학교
저 창문과 교실 위로
무수한 화요일이 지나갔구나
내 일곱 살, 저곳서 책 열지 않았으면
긴 일생, 무거운 언어의 짐 지지 않고 살아도 되었을 것을

우산꽃에도 사월이

저 산형(繖形) 꽃차례의 베갯잇에 싸여
자주 깨어 으앙으앙 우는 아이처럼 사월이 온다
영혼에 금박 물린 꽃술이 어린 처녀 볼 언저리 연지처
럼 돋고
선잠 깬 아이 기침처럼 콜록콜록 사월이 온다
작년에 지나간 들판을 밟으며
인간의 슬픔이 무언지도 모르는 사월이 온다
사월 햇살은 인두처럼 뜨겁고
멍든 파랑치들 분홍으로 돋는 저 아픔들
차마 달려가 맞이하지 못하는 내 부끄러운 마중을 달래며
정구지 뜨게나물 밟으며 사월이 온다
항라 겹치마 두어 폭 펄럭이며 온다
때로 성급해 뒤돌아볼 새 없는 사월이
부스럼 난 내 어깨 마구 밟으며 온다

누가 들판의 옷을 갈아입히랴

들판의 일생을 묻고자 한다면
허수아비의 어깨에 내리는 저녁 햇살을 보라
갈아입지 못한 넝마 한 겹이 생의 전부일지라도
노을에 젖은 그의 해진 옷자락은 아름답다
마을 밖으로 날아간 새들이
마을 안으로 돌아온다
새들이 날아와 앉으면 그 작은 무게에도
여윈 나무의 가지가 휜다
새들은 논마다 숙명처럼 발자국을 찍어놓고 왔다
세상 밖으로 뻗은 길들이 세상 안으로 돌아온다
쓰러지면서 절정에 이르는 벼들의 축제
가을이 데리고 온 어린 겨울이 햇살의 책장을 펴고
벼들이 남긴 언어들을 낱낱이 기록한다
낟가리 위로 날아간 새 떼들의
싸라기 같은 언어들
그 은빛 말들을 들판 아니면 누가 기억하랴
닫힌 마을의 대문을 여느라 얼굴이 붉어진 햇살들
오래 입어 헐거워진 들판의 옷가지들
겨울 들면 잊혀진 것들이 그리워진다

초승달에게

내가 이 세상에서 가장 작다는 것을 알게 해준 초승달이여
내가 이 세상에서 가장 누추하다는 것을 깨닫게 해준 초승달이여

나는 배고픔을 이기지 못하고 밥과 국과 고기와 채소를 마구 소비했다
나는 나 이외에는 아무도 사랑하지 않았다

내가 욕망의 동냥 그릇을 들고 다니는 거지라는 것을 알게 해준 초승달이여
그래도 나락에 떨어져 내 뼈를 부러뜨리지 않고 다리를 건너가게 해준 초승달이여

그대만큼 내가 높고 여리고 환해질 수 있다면
그대만큼 내가 밝고 아름답고 부드러워질 수 있다면

세월의 채찍

용서하게, 나 시가 좋아 시 속에 들어왔다가
시에 붙들려 한 생 발길 돌리지 못한 세월이었네
아침 햇빛처럼 새롭게 살고 싶었지만
저녁연기처럼 흐리기만 한 세월이었네
나뭇잎은 언제나 떨어질 것을 예비한 채 피어나고
물은 제 닿을 곳을 미리 알고 흘러간다
돌이켜 보지 마라, 흘러간 어제는 돌아오지 않는다
그러나 넝쿨풀처럼 얽혀서 살아온 날들에
후회의 팻말을 꽂아서는 안 된다
내 지나온 길, 내 앉았던 자리가
결코 넝마 더미가 되어서는 안 된다
사랑도 연서도 내가 껴안았던 한 묶음 증오마저도,
시간은 너무 빨리 삶을 시듦에 헌납한다
지금 아름다운 사람은 기억의 선반 위에
어제를 갈무리할 줄 아는 사람이다
돌이켜 보면 천둥의 계절은 아름다웠다
할 수만 있다면 나는 수백 수천의 세월의 채찍을
중인환시의 광야에 나가 맞고 싶다

수직의 나무

나무들이 서 있는 수직의 문장 사이로
잘 조련된 바람이 지나간다
그 자리에 남아 있는 생목(生木)들의 화첩
항상 높은 데 있는 구름의 제국은 쉽게 무너진다
단순한 생각을 뭉치며 물 흘러가고
검은 바위를 열어젖히고 들풀이 돋는다
짐승의 발과 내 공상은 늘 고전적이다
그러나 나무는 현재에 살고 있다
햇빛의 죽비 소리에 바위는 잠 깬다
들풀의 온기로 바위는 피가 돈다
모든 의문의 문을 밀고 사람들이 문밖으로 걸어 나오고
확신을 가진 계절은 제 가슴에 꽃을 피워 들고
들판을 건너간다
단순한 기쁨에도 즐거워지는 나무
그래서 나무는 잠마저 수직이다

제3부
길 위에서의 사색

나비의 여행

여린 생이 여린 생을 끌고 간다
생에 한 번뿐일 저 채색의 눈물겨운 외출
영원의 모습은 저런 것일까
슬픔의 목록 위에 생을 얹어놓고 가는
돌아서면 길 잃고 말 저 슬픈 여행
꽃술의 달콤함을 알았다면
너도 필생을 다한 것이다
몇 올 그물 무늬와 부챗살의 날개로
작은 색실 풀어 허공을 물들이며
해당 분매 망초의 키를 넘어 나비는 난다
저 아지랑이 같은 비상에도
우화는 분명 아픔이었을 것이다
잠들지 말아라, 생이 길지 않다
그 날개 아래, 꽃그늘 아래
들판의 유순함은 너로 인함이다
너에게 바치기 위해 나는 지순이란 말을 아껴왔다
햇살과 물방울과 나비와
가벼움으로 이루는 저기 고결한 생
바라보기에도 눈부신
슬프고 고요한 나비의 여행

송가

너를 이 세상의 것이게 한 사람이 여자다
너의 손가락이 다섯 개임을 처음으로 가르친 사람
너에게 숟가락질과 신발 신는 법을 가르친 사람이 여자다
생애 동안 일만 번은 흰 종이 위에 써야 할
이 세상 오직 하나뿐인 네 이름을 모음으로 가르친 사람
태어나 최초의 언어로, 어머니라고 네 불렀던 사람이
여자다

네 청년이 되어 처음으로 세상에 패배한 뒤
술 취해 쓰러지며 그의 이름 부르거나
기차를 타고 밤 속을 달리며 전화를 걸 사람도 여자다
그를 만나 비로소 너의 육체가 완성에 도달할 사람
그래서 종교와 윤리가
열 번 가르치고 열 번 반성케 한
성욕과 쾌락을 선물로 준 사람도 여자다

그러나 어느 인생에도 황혼은 있어
네 걸어온 발자국 헤며 신발에 묻은 진흙을 털 때
이미 윤기 잃은 네 가슴에 더운 손 얹어줄 사람도 여자다
너의 마지막 숨소리를 듣고

깨끗한 베옷을 마련할 사람
그 겸허하고 숭고한 이름인, 여자

원주행

상처가 보석이 된 시간을 만나려고
영주 지나 제천 넘어 원주로 간다
다 닳은 신발과 누추한 추억의 옷을 입고
삼팔 이남의 편마암 같은 도시로 간다
발에 감기는 겨울 햇살의 거미줄을 뜯어내며
헐벗은 기억들의 파편을 주워 맞추는 것은
추운 산맥 뒤켠으로 설화같이 얼어붙은 추억 때문이다
아직도 손 내밀면 뜨겁게 와 닿는
금 간 유릿장 같은 내 스물의 청춘
눈발로 흩날리던 벚꽃 같은 생각들
완강한 새벽 출정과
불편했던 침상의 잠들
영원히 주소가 없는 구름장과
치악에 버린 숨 가쁘던 발자국을 불러 모으면
불티로 날아와 닿는 시간의 조각들
위수령 안으로만 흩날리던 눈발들
경계를 넘지 못하던 연습 사격의 총성들
그립다고 말하기엔 가슴이 너무 추운
호떡과 방한복과 관대리로 가는
군용 트럭의 바퀴 소리

눈뜨면 나를 대신하던 내 어깨 위의
하사관도 되지 못했던 병사의 계급장들

청하를 지나갔다

  내 몸은 끼니마다 들판의 양식에 걸식했다
  오늘 칠포 지나 청하 가며
  손톱풀들이 먹고 남은 햇빛으로 또 허기 면한다
  물 맑아 청하인데 이곳 지나도
  마음이 맑아지지 않는 것은
  묵언의 들판에 사죄할 일 많기 때문이다
  이 세상 부유한 것 햇살뿐인데
  햇살은 매질 아니니 아직은 길 위에 무릎 꿇지 않는다
  염천은 남쪽이라 했으니 닳은 신발 끌고 남쪽으로 걸어가
  마음의 쇳물 녹여 용광로에 부어볼까
  아무리 되질해도 쓸어 담을 수 없는 날들을
  명아주 꽃대가 작은 몸짓으로 되질해 준다
  내 아는 이들 이름 부르기에도 송구한 세월을
  나는 이제 물같이 흐른다고 앙탈하지 않으리라
  그리운 것이 어찌 사람뿐이랴
  흘러간 물 불어간 바람 스쳐온 들과 산이 모두 그리움이니
  오늘 불의 마음 너도밤나무 잎으로 서늘히 부치며
  그래도 육신이 내리는 명령 어길 수 없어
  또 들판의 양식을 수저로 축낸다

삶은 누구에게라도 욕망의 저 탄 더미 아니겠는가
오늘은 내 읽은 경전의 행간에
펄럭이는 마음 한 장 개켜 넣는다

불탄 자리

거기가 어디든 땅은 살아 있다
검고 붉게 타버린 땅에도 봄이 오고
생명이 돋는다
삼척 울진 그 어딘들, 저 아기 손가락같이
입술같이 붉고 연하게 돋는
새 움들, 새순들
뿌리의 힘은 저리도 질기고 강한 것인가
어치와 까치가 날아들어 날개 펴는 곳엔
반드시 싸리 잎 비비추 잎이 돋는다
엉겅퀴도 속새도 돋아 제 모습을 햇살 속에 내놓는다
참억새 큰까치수염 부채꼬리새 휘파람새
 그 소리를 먼저 알아듣는 것은 사람이 아니라 쥐오줌풀
이다
 두꺼비 도마뱀 아무르장지뱀이 검은 흙 속에서
몸을 숨기며, 드러내며
쇠뜨기 누룽지꽃 우산나물 박쥐풀이
손을 오므리며, 펴며
누가 이 산을 불타게 했는가 묻지 말자
산이 있어 불은 타는 것, 불탄 자리에 다시
생명은 돋는다, 우리가 사랑하는 것은 그것뿐

우리가 바라보는 눈빛, 우리가 잡은 손이
따뜻하다는 것
그것만이 우리가 깃들 마음의 곳간이다
거기가 어디든 땅은 살아 있다
봄이 다녀가고 다시 겨울이 와도
흙과 풀 속에
오소리와 너구리는 살아 있다
새와 벌레와 뱀과 개구리도 다 함께

줄포, 황혼

줄포와 격포 사이, 조그만 만에서
나는 덜컹거리는 육신을 부려놓는다
이 건반 악기같이 예쁜 이름이
내 부르기엔 과분하지만,
이름만큼 아름다운 땅이 천 소절 음악을 실어와
뭍의 맨발을 씻고 심해로 달려간다

바닷새들의 전언에 나는 몇 줄 언어를 옮기며
내려놓을 수 없는 마음을
물의 악보에 실어 보낸다
비단조개 소라고둥 물새 발자국
나뭇잎들이 짜 늘인 그늘이 엷어지면
별자리가 함께 내려와 잠들리라

낙조처럼 불타는 마음 태허의 놀에 맡기면
말미잘의 노래가 더 좋은 세상 끌고 오리라
눈물 아픈 그리움들은 모두 나의 것이니
쉼표 없는 이 바다의 노래 썰물로 가라앉히고
나는 또 불빛 엷어진 마을의 신발장에
내 거친 발을 얹을지니

남성현에서

서답 늘어놓고 풋잠 든 아낙의
젖 붓는 소리 들릴 듯한 남성현
배추 씨 뿌리러 간 서방은 아직 안 돌아오고
철부지 병아리들의 어린 발이
떨어져 내린 개나리꽃만 밟는다
고모 지나 경산, 경산 지나 남성현
구름은 흘러가고 짚동만 썩는다
저 눈록(嫩綠)으로도 한 해를 견디겠다는
감잎 대춧잎은 아직 피지 않았고
자두꽃만 새악시 눈웃음처럼 봉지 터진다
부산 가는 기차, 툇마루에 남은 그을음
그을음 닦는 아낙의 이마 행주질에 땀 밴다
가난이 소지처럼 아름다워
아이들은 논둑에서 연을 날리고
간장 종지들은 부뚜막에서 살을 비빈다
그대 삶이 기쁨인지 설움인지 궁금하거든
다로 금곡 한나절 내리막길
아욱 잎에 햇살 내리는 남성현 안마실로 오라

유등리*

지나는 어디에도 유등리는 있다
오래 만진 삶이 문고리처럼 닳아 반짝이고
잘못 만지면 바스러지고 말 집들이
종이 연처럼 가볍게 추녀 끝에 걸려 있다
닳은 신발 잠시 뜨락에 벗어놓으면
굳이 문자로 쓰지 않아도 언문체로 남을 골목들
나는 어제도 이 비슷한 골목을 걸어왔고
내일 또 내일도 비슷한 골목을 걸어갈 것이다
돌담 아래 겨우 몸 부지하고도
제 기쁨만큼 웃는 꽃들을 보면
가난이 아름다움임을 여기서 깨닫는다
가을이 조금씩 여름의 치마끈을 물어뜯는 유등리에 와서
오래 잊고 있던 들깻단과
들판에 내려앉는 구름 그림자에 마음 베이며
한 촌락이 외씨 같은 사람들을 키우고
조선 솥 같은 사람들을 껴안는 것을 본다
남쪽 섬돌에 벌레가 울 때까진
나는 길 떠나지 않으리라
돌담처럼 오래 여기 서 있으리라

  * 경상북도 청도군 이서면 유등리.

분황 옛터

저무는 옛 탑은 내 발을 오래 머물게 한다
검은 흙 꽃 피워 분황일 터이니
옛 향 서린 어디인들 분황 아니랴
가장 큰 진실은 침묵으로 남는다고
썩지 않은 바람이 소맷자락을 흔든다
온유한 어둠이 싸고 있는 것은 언제나 견고한 역사
저 산의 침묵 속에 사람들은
언어의 탑을 쌓으며 살아갔구나
흐르는 강물 소리 멀리서 들어야 유구라는 말의 뜻을
안다
생각의 수유(須臾)는 영원이고 세월의 영원은 수유임을
가을이 남긴 발자국을 보면 안다
어떤 몸이 성골인지를 묻지 말라
옛 탑에서 천 년을 만난다면
인간의 귀천은 홍진에 불과하다
저녁 빛이 발등에 떨어진다
분황 옛터는 회고가 아니라
내가 읽어야 할 필독의 갈피이다

덕유산 지나며

누군들 길 위에 서면 나그네 아니랴
준령이라도 서로 마주 보며
산과 산이 팔짱을 끼고
기슭과 기슭이 몸을 포갠다
누군들 길손이 되어 길의 마음을 읽는다는 것은
깨우침 아니랴
산의 손금 사이로 개울물 흐르고
타래진 백의 길들 고삐 풀려 스산하다
저 고뇌가 잉태한 자유들
한 작별에 기대어 스스로 어두워지는 산을 보면
여기가 문득 경상 전라의 접경인 줄 느릿사리 짐작한다
차창 밖으론 마음 한 송이씩 감추고 내리는 눈
산의 깊이 속으로 사라진 저 발자국은 누구의 것일까
구비마다 얽힌 육십령(六十嶺)의 사연들
서상 서하 함양 거창
저기 맹목으로 기다리는 낯선 표지판
나무들은 숨 가쁘게 산을 오르고
구름은 발 없어도 다리를 건넌다
겨울을 물고 산 밖으로 날아 나오는 새의 깃은
따뜻하리라
봄까지 닿기에는 내 마음이 아직 혹한이다

황포강 가에서

황포강 가에서 내 옛날 노래 부르노니
흐를수록 깊어지는 물이라면 능히
이 세상 메마른 어느 마음 적시지 않겠느냐
한때 나를 휘몰아쳤던 슬픔
홑옷의 바람결에 날려 보내고
바람의 자(尺) 빌려 양자강 버드나무 키를 재겠다
얼마나 유유했으면 칼로 쳐도 동강 나지 않는 물의 몸이랴
환희를 찾아 길 떠났던 사람
그가 잃어버린 연두 스물
토닥여 달랠 막내 세월마저 잃은 지금
어떤 가혹함이 나의 형벌일 수 있으랴
모든 시들고 죽어가는 목숨들 이 강물에 씻어
한때 영원을 꿈꾸기도 했던 저 모든 생령들
푸른 녹말이나 되었으면
모두가 부르고 떠난 유행가 한 곡조
이역 강가 놀빛 환희로 물들이는 이 황혼

제4부
풍경의 안과 밖

시집의 디딤돌을 건너

1975년 삼중당 문고로 나온 청록집의 값은 200원이었다

1991년 미래사에서 나온 김종삼 시집 스와니 강이랑 요단 강이랑은 3000원이었다

2003년 세계사에서 나온 전동균의 함허동천에서 서성이다는 5500원이었다

시집과 시집의 디딤돌을 밟고 나는 시간의 강을 건넌다

서기 2500년에도 시는 쓰일 것이다

시인은 시집의 디딤돌을 딛고 세월을 건너간다

시월

잘 익었는지 하나만 맛보고 가려다가
온 들판 다 엎질러 놓고 가는 볕살

베짱이 귀뚜라미가 나도 좀 데려가 달라고
악다구니 쓰는 시월

입동 무렵

입동 가까운 계절에는 보이는 것 모두가 쓸쓸하고 애잔하다
저 북지장사 뒤란에 떨어지는 굴참나무 잎새에 뺨이라도 얻어맞으면
문득 너럭바위 딛고 넘어간 구름 그림자도 애처롭다
해는 노루 꼬리만큼 짧아지고 물소리는 새로 갈아놓은 부엌칼처럼 손에 시린데
어서 올라오라고 이승의 끝인 양 높고 아득한 팔공의 치맛자락에 오늘 듣지 않으면 영영 못 들을 것이 따뜻한 산비둘기 울음소리

아주 먼 그때

네 곁에 앉았다 떠나오면서
처음으로 내 속에 꽃이 핀 걸 알았다
어느 주소록에도 없는 내 이름을 네가 처음 불렀을 때
비로소 나는 한 그루 나무가 되었다
내 가난한 등을 두드려주는 것이 천천히 떠나는
계절뿐이었을 때
가난의 누이인 네가 와서 내 가슴의 동풍이 되어주었다
구름이 흘러가는 서쪽
바람이 불어오는 동쪽
그 어느 언저리에서 우리는 우리가 결코
먼지가 아님을 알았다
헐한 음식을 먹고 남루를 입었어도
우리가 신선한 별임을, 별일 수 있음을
알았다
꿈꾸는 밤이 잦아졌다, 과오마저도
신선해지는 날이 있음을 알았다
하늘 쳐다보면 별의 말을 알아들을 것 같았다
긴 하루가 뻐꾸기 울음처럼 짧아짐을 알았다
모방할 수 없는 보석이 우리의 가슴에
숨 쉬고 있음을 알았다
아주 먼 그때

슬프다고만 말하지 말자

저렇게 푸른 잎들이 날빛을 짜는 동안은
우리 슬프다고만 말하지 말자
저녁이면 수정 이슬이 세상을 적시고
밤이면 유리 별들이 하늘을 반짝이고 있는 동안은,
내 아는 사람들 가까운 곳에서
펄럭이는 하루를 씻어 널어놓고
아직 내 만나지 못한 사람들
먼 곳에서 그날의 가장 아름다운 꿈을 엮고 있는 동안은,
바람이 먼 곳에서 불어와 머리카락을 만지고
햇빛이 순금의 깁으로 들판을 어루만지는 동안은,
우리들 삶의 근심이 결코 세상의 저주가
되어서는 안 된다
밤새 꾸던 꿈 하늘에 닿지 못하면 어떠랴
하루의 계단을 쌓으며
일생이라는 건축을 쌓아 올리는 사람들,
우리 슬프다고만 말하지 말자
그 아름답고 견고한 마음들 눈 감아도 보이는 동안은,
그들 숨소리 내일을 여는 빗장 소리로
귓가에 들리는 동안은

흙

뿌리들아, 와서 나를 빨아 먹어라
나의 젖가슴 나의 허벅지 나의 심장까지도
네 왕성한 식욕으로
나를 맛보아라, 배 불려라, 키 커라
벚 매실 느티 살구야
쑥갓 상추 양파 메밀아
너의 꽃이 나의 살과 피라고 말하지 않아도
나는 즐겁게 내 기름진 몸 너에게 주겠다
내 몸을 검다고만 말하지 말아라
내 몸속엔 열다섯 색깔 스무 가지 맛
마흔 가지의 향기가 들어 있다
헌혈하는 젊은 가슴처럼 넘치는 피
붉게 너에게 주겠다
내 위는 낡고 내 장은 헐려도
너만 살찔 수 있다면, 너만 튼튼할 수 있다면
나는 내 가진 모든 피, 내 가진 모든 살
너를 위해 바치겠다
너의 키가 세상의 어두운 곳 푸르게 물들이기만 한다면
너의 그늘이 세상의 타는 가뭄 시원히 덮기만 한다면

고등어

새로 사온 등 푸른 고등어를 보면
나에게도 저렇게 등이 푸른 때가 있었을까
만 이랑 물결 속에서 대웅전 짓는 목수의 대팻밥처럼
벌떡벌떡 아가미를 일으키던 고등어
고등어가 가보지 않은 바다는 없었으리라
고등어가 가면 다른 고기들이 일제히
하모니카 소리를 내며 마중 나왔으리라
고등어가 뛸 때 바다가 펄떡펄떡 살아나서
뭍의 뺨을 철썩철썩 때렸으리라
푸른 물이랑이 때리지 않았으면
등이 저렇게 시퍼렇게 멍들었을까
이런 생각을 하는 것은 나에게는 흔한 일이지만
그래, 바다의 치맛자락이 만 겹이었다고
아직도 입을 벌리고 소리 치는 고등어
고등어가 아니면 누가 바다를 끌고
이 누추한 식탁까지 와서
동해의 넓이로 울컥울컥 푸른 바다를
쏟아놓을 수 있을까

나는 생이라는 말을 얼마나 사랑했던가

내 몸은 낡은 의자처럼 주저앉아 기다렸다
그리움에 발 담그면 병이 된다는 것을
일찍 안 사람은 현명하다
나, 아직도 사람 그리운 병 낫지 않아
낯선 골목 헤맬 때
어깨 때리는 바람 소리 귓가에 들린다
별 돋아도 가슴 뛰지 않을 때까지 살 수 있을까
꽃잎 지고 나서 옷깃에 매달아 둘 이름 하나 있다면
아픈 날 지나 아프지 않은 날로 가자
없던 풀들이 새로 돋고
안 보이던 꽃들이 세상을 채운다
아, 나는 생이라는 말을 얼마나 사랑했던가
그러나 지상의 모든 것은 한 번은 생을 떠난다
저 지붕들, 얼마나 하늘로 올라가고 싶었을까
이 흙먼지 밟고 짐승들, 병아리들 다 떠날 때까지
병을 사랑하자, 삶을 사랑하자
그 병조차 떠나고 나면, 우리
무엇으로 밥 먹고 무엇으로 그리워할 수 있느냐

풍경
—각북* 표정

남풍이 만지다 둔 과일들이 가지 끝에 매달려 있다
점심때까지는 즐거운 표정이다
매미 소리 볏논을 건너갔다
참다 참다 피어버린 박꽃들
풀잎들의 아침 인사는 초록이다
얼굴이 검은 굴뚝 옆
대추나무가 그 집 아이의 이름표를 달고 섰다
폐교에서 공부하던 아이들은 본교로 가고 없다
측백나무 밑에 신다 버린 운동화 한 짝

* 경상북도 청도군 각북면.

삶은 헌 신발을 신고 늙은 길을 걸어가는 것입니다
　　—어느 독자의 e-mail 답신으로

　삶을 미워한다는 것은
　삶을 사랑하자는 것이지요
　저 길가에 핀 꽃들이
　즐거워서만 웃겠습니까
　슬픔을 어루만지고 노여움을 빗질하면
　삶이 쟁반 위의 과일처럼
　신선해진다는 것이지요

　오늘 아침 밟고 온 풀잎과
　식탁에서 습관으로 먹은 채소가
　내 몸속에서 피와 살이 될 때
　세상의 햇빛과 공기는
　고마운 것 아니겠습니까
　문득 불어오는 바람은 또한
　얼마나 반가운 손님입니까

　발 다치지 않고 걸어갈 길이 있고
　돌아와 몸 누일 방이 있는 것만으로도
　우리는 저 추운 새와 날벌레보다
　행복하지 않습니까

겨울에도 신발 없는 소와 말보다
우리는 따뜻하지 않습니까

삶은 헌 신발을 신고
늙은 길을 걸어가는 것입니다
그러나 그 신발이 우리의 생을
지탱하지 않습니까
「닳을수록 보석이 되는」을 물어 온 독자여

시월의 사유

텅 빈 자리가 그리워 낙엽들은 쏟아져 내린다
극한을 견디려면 나무들은 제 껍질을 튼튼히 쌓아야 한다
저마다 최후의 생을 간직하고 싶어 나뭇잎들은
흙을 향하여 떨어진다

나는 천천히 걸으면서 나무들이 가장 그리워했던 부분을 기억하려고 나무를 만진다
차가움에서 따스함으로 다가오는 나무들
모든 감각들은 나무 향기 쪽으로 기울어 있다
엽록일까 물관일까, 향기를 버리지 않으면 나무들은 삭풍을 이기지 못한다
어두워야 읽히는 가을의 문장들, 그 상형문자들은 난해하다
더러 덜컹거리는 문짝들도 제자리에 머물며 더 깊은 가을의 심방을 기다린다
나뭇잎들, 저렇게 생을 마구 내버릴 수 있다니. 그러니까 너희에게도 생은 무거운 것이었구나
나는 면사무소 정문으로 한 노인이 자전거를 끌고 들어가는 것을 보고, 사람이 나뭇잎보다 더 가벼워질 수도 있겠구나라고 생각하며 염소들이 지나간 길을 골라 걷는다

가벼운 것들

뽕나무잎 누에고치 거미줄 잠자리 제비집 종이컵 볼펜 다 읽은 시집들

그러나 나를 짓누르는 것들, 무거운 것들

불면증 서문시장 팔공산 조지 부시 아프간 전쟁 매리어트 호텔 영변 경수로 김정일 인천공항 유에스 달러 면사무소 은행나무 위에도 가을이 오고

이제 무들은 더 뿌리를 내리지 않는다

병든 새들과 가난한 사람들은 어서 집을 지어야 한다

이 주식의 가을에 사람들은 끝없이 회의를 하고

나뭇잎은 아무것도 추억하지 않는다

은행나무가 그렇듯이, 염소가 그렇듯이

봄의 악기

오늘은 생장에 대해 노래하련다
나는 너무 오래 소멸과 긍휼에 대해 노래했다
온 아침 걸어온 길이 꽃 내음으로 넘칠 때
수제비꽃과 민들레와 굴뚝할미새의 노래
삶을 밀어 올리는 저 벅찬 물상(物象)들
오늘은 그것의 끓는 힘을 노래하련다
알락 구름 우산풀 시냇물의 합창
바람과 구름과 동그라미새의 비상
출렁대는 것 모두 이 생의 담 안
아, 나는 너무 오래 고통의 노래만 불러왔다
내 몸의 상처들 모두 화약이 되어
탄알처럼 날아갈 때
정지는 운동을 재촉하고
소멸은 성장을 밀어 올린다
죽음을 딛고 삶이 돋아나는 것
흙의 잠 깨는 소리를 들으면 알 수 있다
저 강 건너 버드나무 새잎 돋는 것
그 약동이 가슴에 파동 칠 때
아, 나는 비로소 살아 있는 것이다

자주 한 생각

내가 새로 닦은 땅이 되어서
집 없는 사람들의 집터가 될 수 있다면
내가 빗방울이 되어서
목 타는 밭의 살을 적시는 여울물로 흐를 수 있다면
내가 바지랑대가 되어서
지친 잠자리의 날개를 쉬게 할 수 있다면
내가 음악이 되어서
슬픈 사람의 가슴을 적시는 눈물이 될 수 있다면
아, 내가 뉘 집 창고의 과일로 쌓여서
향기로운 향기로운 술이 될 수 있다면

검정 교복

다섯 개의 단추가 수직으로 달린 검정 교복
거기에 내 열다섯 소년이 있었네
소년이라기에는 너무 많은 꿈
너무 많은 길의 분망이 문 열고 있었네

어느 어깨에 걸쳐도 알맞게 드리워져
추운 몸 따뜻이 데우는 마음의 겹옷
그리운 것들이 그 속에서 벌 떼처럼 잉잉거려도
그 하나하나의 오라기들이 내 서른 해 뒤의
생의 씨줄이 될 줄 그땐 짐작 못 했네

길 위에 서면 긴 휘파람으로 다가오던
살구꽃 같은 희망
차마 희망이라고 말하기에도 가슴 설레던
숯검댕이 추억
그 이름만으로도 스무 해는 옛날로 돌아갈 수 있는
저 온대의 햇살인 검정 교복

카뮈

그대가 노벨 문학상을 받던 해
나는 한국의 경상도의 시골의 고등학생이었다
안톤 슈낙을 좋아하던
갓 돋은 미나리 잎 같은 소년이었다
알베르 카뮈, 그대의 이름은 한 줄의 시였고
그치지 않는 소나타의 음역(音域)이었다
그대 이름을 부르면 푸른 보리밭이 동풍에 일렁였고
흘러가는 냇물이 아침 빛에 반짝였다
그것이 못 고치는 병이 되는 줄도 모르고
온 낮 온 밤을 그대의 행간에서 길 잃고 방황했다
의거가 일고 혁명이 와도
그대 이름은 혁명보다 위대했다
책이 즐거운 감옥이 되었고
그대의 방아쇠로 사람을 쏘고 싶었다
다시 오지는 않을 것이다, 그 열광과 환희는.
그러나 나는 후회하지는 않으련다
아직도 나는 반도의 남쪽 도시에서 시를 쓰며 살고 있지만
아직도 나는 백 사람도 안 읽는 시를 밤새워 쓰고 있지만
이 병 이 환부 세월 가도 아주 낫지는 않겠지만

책 읽는 아이

토끼풀 같은 아이야, 장차 무엇이 되고 싶니
선생님이 되고 싶니 발명가가 되고 싶니
시인 혹은 장군이 되고 싶니
너의 고사리 주먹에 쥐어진 한 권의 책이 지금은 무겁겠지만
그 속에 네가 가야 할 길이 있고 하늘이 있다
무거우면 네 연한 무릎 위에 책을 세우고
첫봄 개나리꽃 같은 아이야
별을 읽어라 바다를 읽어라 우주를 읽어라
네 눈빛이 책 속에 있는 동안
들 가운데는 자운영꽃이 피고 파랑새가 더 멀리 날고
고래가 바다를 횡단한다
네 가슴이 책을 꿈꾸는 동안
세계는 발자국 소릴 죽이고 네 숨소리를 듣는다
파도가 가라앉고 폭풍이 잠자고
태백산봉에는 흰 구름이 핀다
자두꽃 같은 아이야, 네 상상 속엔 지금
사슴이 지나느냐 연어가 돌아오느냐
들판 끝에 송아지가 우느냐
언젠가 아버지가 되고 어머니가 될

이 세상의 별인
책 읽는 아이야

시인이란 이름에는 들꽃 냄새가 난다

시인이란 이름에는 들꽃 냄새가 난다
저녁 햇빛에 피는 메밀꽃 냄새가 난다

시인이란 이름에는 나무 뒤에 선 나무
베어진 그루터기에 목숨으로 돋는 새잎

이 세상 모든 향기를 떠나보내고
혼자 남아 향기가 되는 이름

그가 만질 수 있는 것은 몇 송이 언어
그가 거둘 수 있는 것은 몇 다발 사색

시인이란 이름에는 이삭 털고 난 볏짚 내음
비비새 울고 간 낮은 산길
돌에 부딪쳐도 노래가 되는
낮게 흐르는 도랑물 소리가 난다

後記

사람을 위한 시, 삶을 위한 시

사람 사랑하는 일이 쉽지 않다. 사람 사랑하는 일도 연습을 해야 한다. 슬프게도 이제는 이런 사실을 시인해야 하리라. 사람과 더불어 살아가면서 사람이 싫어진다는 것보다 비극적인 일이 어디 있는가. 아무려면 사람보다 나무가, 사람보다 풀잎이 더 아름다울 수가 있는가. 그러기에 사람의 아름다움을, 사람의 귀중함을 노래처럼 뇌면서 사람 사랑하는 연습을 해야 한다.

독자여, 사람 사랑하는 일이 어려운가? 사람을 사랑하고 싶은데 뜻대로 되지 않는가? 그렇다면 느티나무에 분홍 스카프를 걸어놓고 사람을 기다려보라. 때 지난 석유 호롱불 창가에 켜놓고 사람에게 편지를 써보라. 특별한 전언이 없다면 옛날 읽던 시집을 꺼내놓고 좋아하던 시 한 구절, 아니면 낡은 산문집 한 귀퉁이에 숨어 있는 명구 몇 줄을 마음 가는 대로 베껴 써보라. 글에 쓰였으되,

'오늘 밤 서쪽 하늘에 돋는 별은 내 그대 손가락에 끼워주고 싶은 은반지라고 혹은 내일 들판의 꽃들이 흔드는 갖가지 색깔은 내 그대에게 전해 주고 싶은 노랗고 빨간 마음이라고, 그리하여 그대, 사람의 가슴속에 작은 움막을 짓고 얼음을 녹이는 따뜻한 마음의 등불을 올릴 수 있다면, 아, 달맞이꽃과 맨드라미와 굴뚝새의 말을 사람의 언어로 번역할 수 있다면, 저 저녁

어둠을 우는 비둘기들의 모음을 인간의 언어로 베낄 수 있다면, 그것은 내 그대에게 띄우는 지상의 가장 유순하고 따스한 말'

이라고.

그리하여 시를 읽고 산문을 읽고 한 줄의 편지를 쓰는 일은 마침내 사람으로부터 멀어져간 마음의 실 꾸러미를 내게로 팽팽히 당겨오는 일이니, 사람 사랑하는 마음 아니면 나는 시를 쓰지 않으리라. 사람의 귀함을 노래하지 않는다면 나는 시라는 형식을 빌어 언어로 노래하지 않으리라. 天地之間 萬物之中에 唯人이 最貴하니…….

2005년 정월 찬바람 속에서
이기철

가장 따뜻한 책

1판 1쇄 적음 2005년 1월 25일
1판 1쇄 펴냄 2005년 1월 30일

지은이 이기철
펴낸이 박맹호
펴낸곳 (주)민음사

출판등록 1966. 5. 19. 제16-490호
서울시 강남구 신사동 506번지 강남출판문화센터 5층 (우)135-887
대표전화 515-2000 / 팩시밀리 515-2007
www.minumsa.com

값 7,000원

ⓒ 이기철, 2005. Printed in Seoul, Korea
ISBN 89-374-0730-2 03810